지은이 사스키아 귄
아이들에게 영감을 주는 아름다운 책들을 이십 년 가까이 정성스럽게 만들어 온 편집자이자 작가예요. 공룡이 언젠가 다시 지구로 돌아오길 바라는 아들 둘과 영국에서 살고 있지요. 작가는 아이들에게 지구상의 모든 생명체가 공룡만큼 흥미로운 존재라는 걸 알려 주고 싶어 해요. 《호기심이 만드는 과학자들》《상상을 현실로 바꾼 수학자들》을 비롯해 어린이 책을 여러 권 썼어요.

그린이 폴라 볼스
영국에서 태어나 팔머스 대학교를 졸업한 후, 일러스트레이터로 활동하고 있어요. 포츠머스 그림책 상과 브릴리언트 북 어워드 등 여러 차례 상을 받았지요. 지금은 할리우드 배우 아일라 피셔가 글을 쓴 그림책 시리즈 《영화배우 메이지》에 그림을 그리고 있답니다.

옮긴이 이계순
서울대학교 간호학과를 졸업했으며, 인문 사회부터 과학에 이르기까지 폭넓은 분야에 관심을 갖고 공부하는 것을 좋아해요. 좋은 어린이·청소년 책을 우리말로 옮기는 일에 힘쓰고 있어요. 옮긴 책으로 《맨발의 소녀》《파이팅 워즈》《말하지 않아도, 체리》 《그린플루언서》 외 여러 권이 있어요.

푸른숲 새싹 도서관 45

꺼어어어억 트림이 나왔어!

첫판 1쇄 펴낸날 2025년 7월 30일 | **지은이** 사스키아 귄 | **그린이** 폴라 볼스 | **옮긴이** 이계순 | **발행인** 조한나 | **주니어 본부장** 박창희 | **편집** 박고은 정예림 강민영 | **디자인** 전윤정 김혜은 | **마케팅** 김인진 김은희 | **회계** 양여진 김주연 | **인쇄** (주)소문사 | **제본** 에이치아이문화사 | **펴낸곳** (주)도서출판 푸른숲 | **출판등록** 2003년 12월 17일 제2003-000032호 | **제조국** 대한민국 | **주소** 경기도 파주시 심학산로 10, 우편번호 10881 | **전화** 031)955-9010 | **팩스** 031)955-9009 | **홈페이지** www.prunsoop.co.kr | **인스타그램** @psoopjr **이메일** psoopjr@prunsoop.co.kr | ⓒ푸른숲주니어, 2025 | ISBN 979-11-7254-553-6 (74470) 978-89-7184-671-1 (세트)

잘못된 책은 구입하신 서점에서 바꾸어 드립니다. 던지거나 떨어뜨려 다치지 않도록 주의하세요.
KC 마크는 이 제품이 공통안전기준에 적합하였음을 의미합니다.

Along Came a… Burp!
Text copyright ⓒ 2024 by Saskia Gwinn
Illustrations copyright ⓒ 2024 by Paula Bowles
Design copyright ⓒ 2024 by Templar Books
First published in the UK in 2024 by Templar Books, an imprint of Bonnier Books UK 4th Floor, Victoria House Bloomsbury Square, London WC1B 4DA Owned by Bonnier Books Sveavӓen 56, Stockholm, Sweden.

Korean edition copyright ⓒ 2025 by Prunsoop Publishing Co., Ltd.
All rights reserved.
This Korean edition is published by arrangement with Templar Books, an imprint of Bonnier Books UK Ltd, through Shinwon Agency Co., Seoul.

이 책의 한국어판 저작권은 신원에이전시를 통한 저작권사와의 독점 계약으로 (주)도서출판 푸른숲에 있습니다.
저작권법에 의해 한국 내에서 보호를 받는 저작물이므로 무단 전재와 복제를 금합니다.

냄새나는 몸 이야기

꺼어어어억 트림이 나왔어!

사스키아 퀸 글 | 폴라 볼스 그림 | 이계순 옮김

푸른숲주니어

꺼어어어억, **트림**이 나왔어.

꾸르륵!

푸왁!

우르르르르륵!

끄으윽!

트림은 대체 어디서 나오는 걸까? 나는 먼저 소파 뒤를 살펴봤어. 소파 뒤에는 원래 이런저런 물건이 많이 있잖아.

냉장고 문도 열어 봤고. 당연히 없었지.

그다음에는 반려 벌레 트롱에게 물어봤지.

몰라! 난 트림 안 해!

결국 트림한테 직접 물어봤어.

트림아, 너는 어디서 왔니?

꾸르륵, 나는 네 몸에서 나왔지!

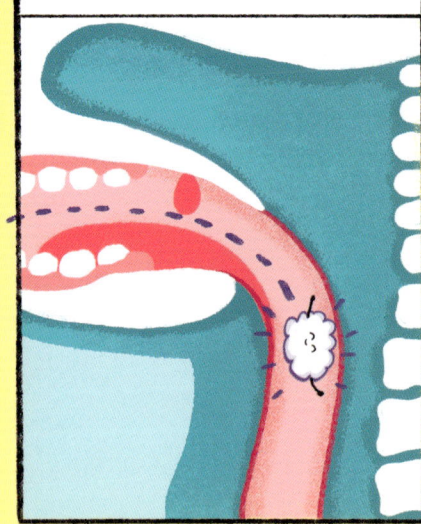
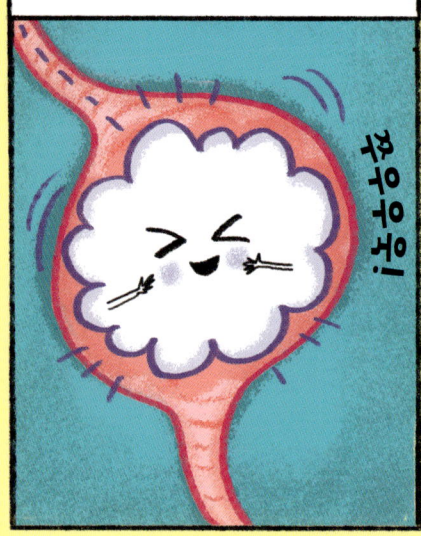
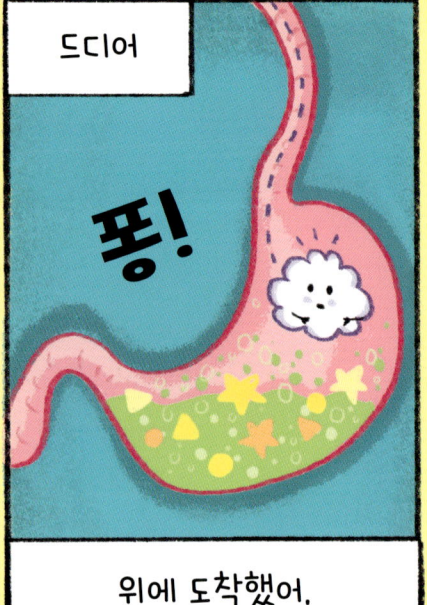

… 내가 변기에서 막 일어서더니, 갑자기

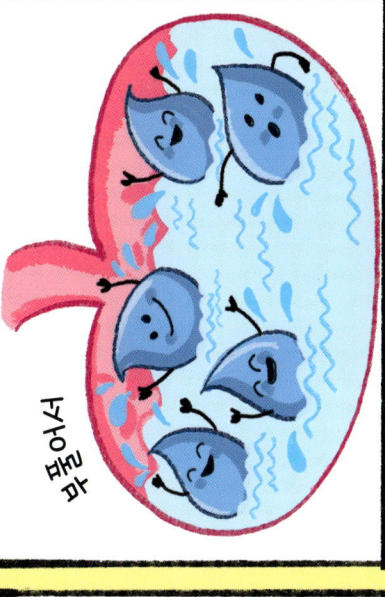
짜잔! 그래서 내가 밖으로 나온 거야.
콩팥이야

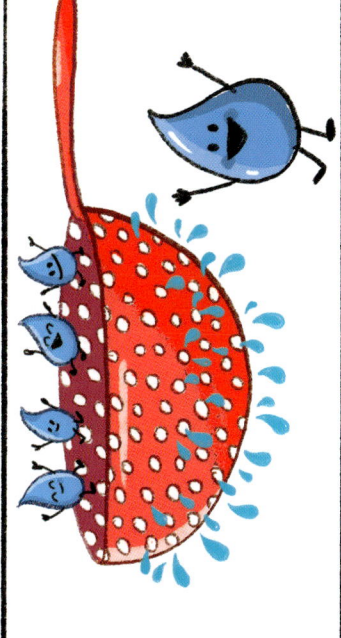
여기서 백만 개의 아주 가느다란 관을 통해 계속 걸러졌어. 그리고 마지막에…
바로 나, **오줌**이 남게 된 거야!

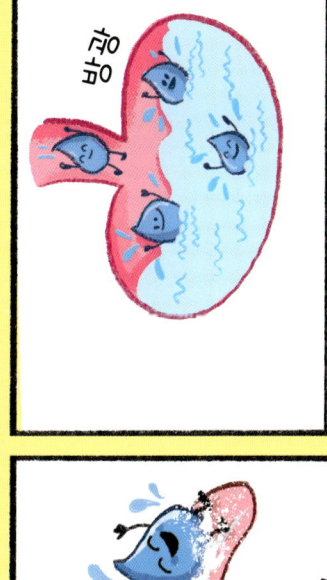
콩팥
콩팥 안에서 샤워했어. 온몸의 노폐물이 씻겨 나가도록 말이야.

그 순간 뇌가 외쳤어!
얼른 화장실로 가!

신장으로 갔지.
콩팥

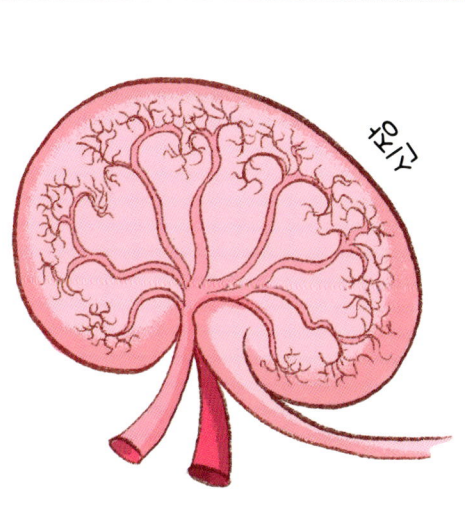

혈관을 타고…
온몸을 쌩쌩쌩 돌며

나는 두 개의 관을 따라 쭈르르 아래로 흘러 내려갔어
쉬이이이!

아주 빽빽해졌지.

방귀가 뿡~!

잠깐, 잠깐! 똥아, 이야기 중에 미안한데, 방귀한테 꼭 물어볼 게 있어. 저기, 내 배 속에서 어떻게 이런 지독한 냄새가 나오는 거야?

윽, 방귀가 나왔네?

$$z^4 - (x+y) = 6\sqrt{123}$$

$$r = \frac{c}{2\pi}$$

$$c = 2\pi r$$

냄새가 심함.

냄새 안 남.
냄새 안 남.
냄새 안 남.
냄새 안 남.
냄새 안 남.

나는 여러 가지 기체로 되어 있어. 사실 대부분은 냄새가 나지 않아. 그런데 말이야….

오, 똥아! 그냥 네 이야기 계속해 봐.

응, 나는 밖으로 나오기 전에 '직장'이라는 대기실에 한동안 머물러 있었어.

기다리고

기다리고   또 기다렸지.

함께 나갈 친구들이 다 도착할 때까지 말이야.

안녕! 오! 밀지 마, 나갈게! 안녕! 안녕!

자, 여기까지가 내 이야기야!
참, 물 내리는 거 잊지 마!
손 씻는 것도….
으아아아악악악…!

퐁당!

똥의 당부에 대답도 하고, 또 똥에게 작별 인사도 하려고 했는데, 갑자기…

재채기가 나왔어!

재채기가 어찌나 심한지 콧물까지 튀었다니까.

에…, 에…, 에

어, 잠깐만! 재채기한테 궁금한 게 있어.
"재채기야, 너는 왜 그렇게 큰 소리를 내니?"

음, 네가 숨을 들이마실 때, 아주 다양한 것들이 코에 달라붙거든.

꽃가루

먼지

박테리아

나는 너희들, 정말 별로야. 어서 나가!

그러면 코 안의 신경들이

간질간질 간질간질

아, 안 돼! 침입자가 있다고 어서 알리자!

휘리릭!

폐야, 숨을 최대한 깊게 들이마셔 봐. 네가 공기를 많이 들이마실수록 재채기 소리가 커지거든.

← 뇌

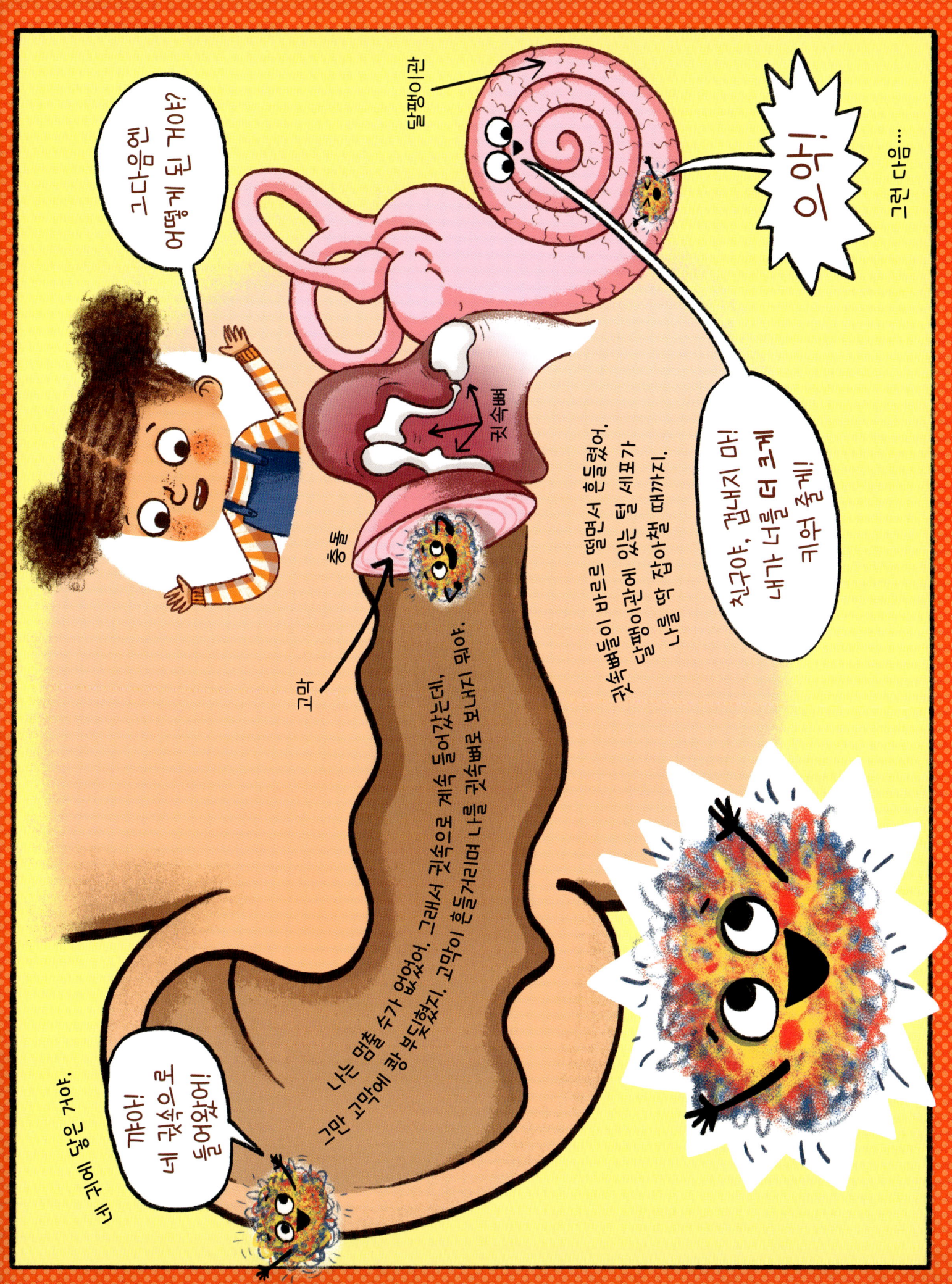

덜덜덜 떨렸어!

"몸이 왜 자꾸 덜덜 떨리는 거지?"
나는 '오한'한테 물었어.

네 몸을 따뜻하게 해 주려고 그래! 지금 외투를 입지 않아서 많이 춥지? 몸의 열기가 밖으로 빠져나가고 있거든.

야호, 자유다!

열기가 몸 밖으로 나가는 걸 막기 위해, 뇌가 근육한테 빨리 나를 만들라고 명령했어.

꽉 조이고

늘리고

이제 떨어요!

몸이 덜덜 떨렸어.

덜덜덜덜덜덜

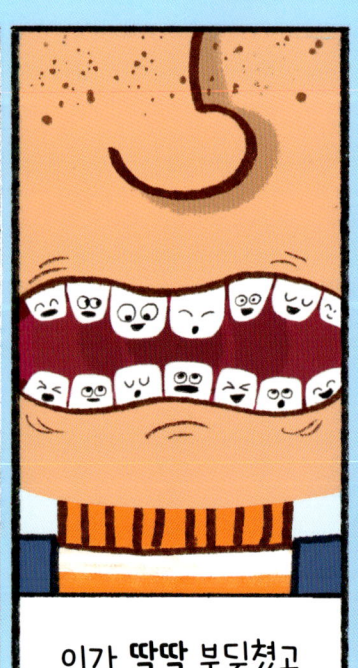

이가 **딱딱** 부딪쳤고

머리카락이 **곤두섰지.**

다행히 열기가 돌아왔어.

오한이 사라지기 전에 이렇게 말했어. "내가 사라지기를 바란다면 몸을 막 움직여 봐!"

난 정말 행복해졌어! 그러다 그만 넘어진 거 있지?

웃음이 터졌어!

배꼽이 빠질 정도로 크게 웃었지. 그 바람에 눈물이 쏙 들어가 버렸지 뭐야. 나는 웃음한테 물었어.

너는 뭐가 그렇게 재미있니?

내가 너를 깜짝 놀라게 해 주었잖아. 동물원에서 무릎을 다쳐 울고 있는 너한테 염소가 슬금슬금 다가갔지.

그 염소는 원래 다른 염소들을 따라 다리를 또각또각 건너가야 했거든. 그런데 울고 있던 너를 보더니…

땅에 떨어져 있던 바나나를 뿔로 쳐서

라마한테 휙 던지지 뭐야.

염소의 트림 소리를 듣고 웃음이 튀어나왔지!

하하하하

의외의 순간에 웃음을 안겨 주는 개그맨처럼, 네가 전혀 예상하지 못하는 순간에 재미있는 일이 생기거든.

'정말 예상하지 못했어. 보통 바나나가 황소 엉덩이에 맞고 튕겨 나오지는 않잖아!' 뇌가 말했어.

조금 전에 너는 이리저리 뛰어다니다가 갑자기 바닥에 쿵 넘어졌지.

피융 피융 피융!

그때 뇌는 몇 가지 물질을 내보냈어.

네가 다쳤다는 걸 알려 주는 **눈물**

아픔을 견디기 위해 기분을 좋게 만드는 **엔도르핀**

그리고 눈물을 밀어 내게 한 웃음.

우리, 이제 간다!

딱지가 보였어!

거칠거칠하고 딱딱한 딱지가
내 무릎에 달라붙어 있었지.
넘어지면서 다쳤던 그 자리에 말이야.

"오, 빨리 내려앉았네?" 내가 딱지한테 말했어.

딱지가 말했어. "나는 네가 무릎이 다친 그 순간에 생기기 시작했어. 네 핏속의 작은 조각들이 엄청나게 빠른 속도로 뭉쳤거든.

"바깥 공기가 느껴지기 전에 빨리 뭉쳐야 해! 피가 더 이상 빠져나가지 못하게!"

나는 병균을 쫓아내려고 욕조로 뛰어들었어.
폭풍우가 몰아치는 바다를 항해하면서

"안녕? 나는 피브린이야!

박테리아

물러서!

피브린(단백질)이 와서 방어막을 치기 시작했어.

그렇게 해서 **딱지**가 만들어졌지! 그런데 내가 지금 엄청나게 바빠서 말이야!"

거대한 문어를 피하고

착한 고래랑 친구가 되었지.

즐거운 항해를 마치고 엄마가 내민 커다란 수건에 폭 감싸인 채 밖으로 나왔어. 그런데…